GOSCINNY ET UDERZO
PRÉSENTENT
UNE AVENTURE D'ASTÉRIX

LE PAPYRUS
DE CÉSAR

Texte **Jean-Yves FERRI**　　　Dessins **Didier CONRAD**

Mise en couleur : Thierry Mébarki

LES ÉDITIONS ALBERT RENÉ

58, rue Jean Bleuzen - CS 70007 - 92178 Vanves Cedex

www.asterix.com　　f Asterix et Obelix　　t @asterixofficiel

ASTERIX®- OBELIX® / © 2015 LES ÉDITIONS ALBERT RENÉ
Dépôt légal : octobre 2015
Impression en juillet 2015 - n° 271-6-02
ISBN : **978-2-86497-271-6**

Réalisé en France par la SIRC

Loi n° 49956 du 16 juillet 1949 sur les publications destinées à la jeunesse

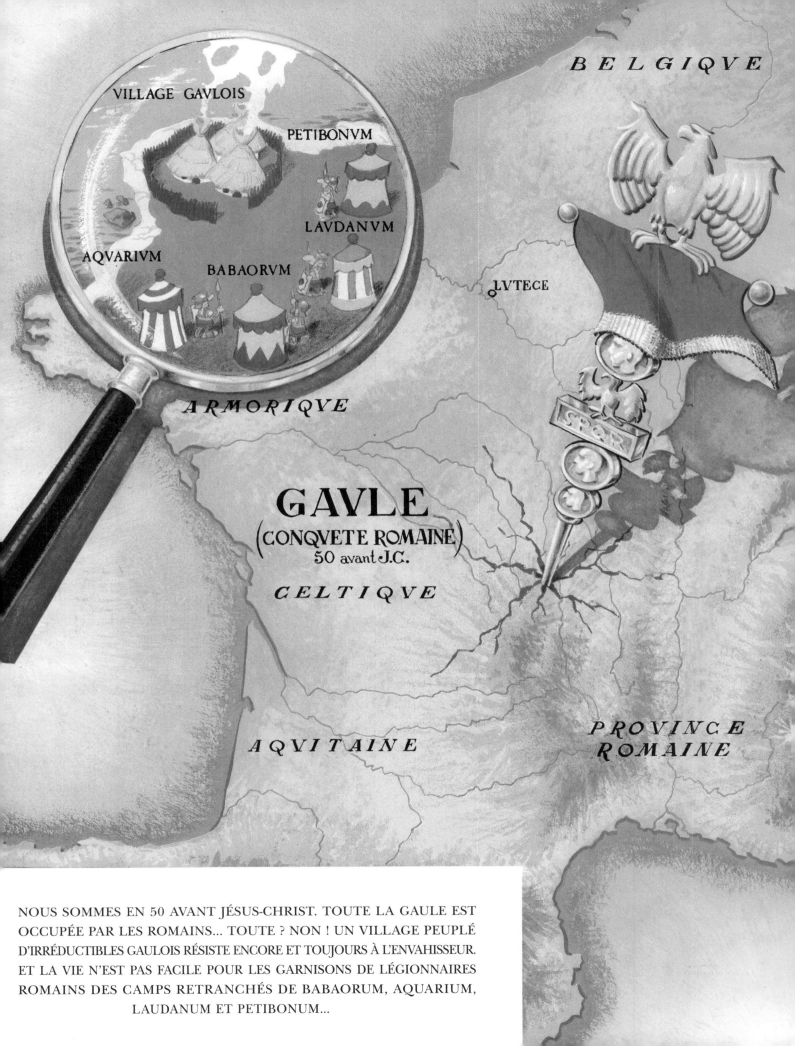

NOUS SOMMES EN 50 AVANT JÉSUS-CHRIST. TOUTE LA GAULE EST
OCCUPÉE PAR LES ROMAINS... TOUTE ? NON ! UN VILLAGE PEUPLÉ
D'IRRÉDUCTIBLES GAULOIS RÉSISTE ENCORE ET TOUJOURS À L'ENVAHISSEUR.
ET LA VIE N'EST PAS FACILE POUR LES GARNISONS DE LÉGIONNAIRES
ROMAINS DES CAMPS RETRANCHÉS DE BABAORUM, AQUARIUM,
LAUDANUM ET PETIBONUM...

ASTÉRIX, LE HÉROS DE CES AVENTURES. PETIT GUERRIER À L'ESPRIT MALIN, À L'INTELLIGENCE VIVE, TOUTES LES MISSIONS PÉRILLEUSES LUI SONT CONFIÉES SANS HÉSITATION. ASTÉRIX TIRE SA FORCE SURHUMAINE DE LA POTION MAGIQUE DU DRUIDE PANORAMIX...

OBÉLIX EST L'INSÉPARABLE AMI D'ASTÉRIX. LIVREUR DE MENHIRS DE SON ÉTAT, GRAND AMATEUR DE SANGLIERS ET DE BELLES BAGARRES. OBÉLIX EST PRÊT À TOUT ABANDONNER POUR SUIVRE ASTÉRIX DANS UNE NOUVELLE AVENTURE. IL EST ACCOMPAGNÉ PAR IDÉFIX, LE SEUL CHIEN ÉCOLOGISTE CONNU, QUI HURLE DE DÉSESPOIR QUAND ON ABAT UN ARBRE.

PANORAMIX, LE DRUIDE VÉNÉRABLE DU VILLAGE, CUEILLE LE GUI ET PRÉPARE DES POTIONS MAGIQUES. SA PLUS GRANDE RÉUSSITE EST LA POTION QUI DONNE UNE FORCE SURHUMAINE AU CONSOMMATEUR. MAIS PANORAMIX A D'AUTRES RECETTES EN RÉSERVE...

ASSURANCETOURIX, C'EST LE BARDE. LES OPINIONS SUR SON TALENT SONT PARTAGÉES : LUI, IL TROUVE QU'IL EST GÉNIAL, TOUS LES AUTRES PENSENT QU'IL EST INNOMMABLE. MAIS QUAND IL NE DIT RIEN, C'EST UN GAI COMPAGNON, FORT APPRÉCIÉ...

ABRARACOURCIX, ENFIN, EST LE CHEF DE LA TRIBU. MAJESTUEUX, COURAGEUX, OMBRAGEUX, LE VIEUX GUERRIER EST RESPECTÉ PAR SES HOMMES, CRAINT PAR SES ENNEMIS. ABRARACOURCIX NE CRAINT QU'UNE CHOSE : C'EST QUE LE CIEL LUI TOMBE SUR LA TÊTE, MAIS COMME IL LE DIT LUI-MÊME : "C'EST PAS DEMAIN LA VEILLE !"

NOTRE HISTOIRE COMMENCE À ROME, DANS LE PALAIS DE CÉSAR, AU MOMENT OÙ CELUI-CI REÇOIT EN AUDIENCE SON CONSEILLER ET ÉDITEUR, L'ÉLOQUENT BONUS PROMOPLUS...

"COMMENTAIRES SUR LA GUERRE DES GAULES", VOILÀ UN TITRE QUI CLAQUE, Ô CÉSAR! JE PRÉVOIS UN GRAND SUCCÈS!

BROU

RROU

ALLONS, PARLE, PROMOPLUS! QUEL DÉFAUT TROUVES-TU À MON MANUSCRIT?

C'EST CE PASSAGE, Ô CÉSAR...

CHAPITRE XXIV

REVERS SVBIS FACE AVX IRREDVCTIBLES GAVLOIS D'ARMORIQV

EH OUI, JE SAIS, PAR JUPITER. MAIS HÉLAS, C'EST LA TRISTE VÉRITÉ HISTORIQUE!

1A

SUPPRIME-LE, Ô CÉSAR! CE PASSAGE EST UNE TACHE SUR TON CURRICULUM VITAE.

TU SUGGÈRES À CÉSAR DE TRAVESTIR LA VÉRITÉ?

TRAVESTIR? NON, Ô CÉSAR! JE TE SUGGÈRE SEULEMENT DE COUVRIR D'UN VOILE PUDIQUE CE CHAPITRE DE L'HISTOIRE! IL Y A DES CALENDES QUE CES GAULOIS NE FONT PLUS PARLER D'EUX. QUI, À ROME, SE SOUVIENT ENCORE QU'ILS EXISTENT?

ET PARMI EUX, LEQUEL VA PROTESTER? ILS SONT TOUS ANALPHABÈTES! AINSI, TON LIVRE ATTESTERA QUE TU AS CONQUIS *TOUTE* LA GAULE ET LE SÉNAT ACCEPTERA DE FINANCER TES AUTRES CONQUÊTES...

TU ES DÉMONIAQUE, PROMOPLUS! TON IDÉE ME TENTE...

TU Y COMPRENDS QUELQUE CHOSE, TOI, À TOUT CE BLABLA?

OH MOI, TU SAIS, LES LETTRES MODERNES...

1B

5

SOIT, PROMOPLUS! SUPPRIMONS CE PASSAGE. MAIS PRENDS GARDE : SI LA CHOSE S'ÉBRUITE, TU IRAS DANS LE CIRQUE CONSEILLER LES LIONS!

SOIS TRANQUILLE, Ô CÉSAR! TOUS MES SCRIBES SONT MUETS, ET NUL N'ENTENDRA PLUS JAMAIS PARLER DE TON CHAPITRE SUR LES GAULOIS D'ARMORIQUE.

AUSSITÔT, LES SCRIBES NUMIDES(*) MUETS DE PROMOPLUS SONT MIS AU SECRET, ET LES COPIES DU CHAPITRE SONT SAISIES...

(*) ON DIT AUJOURD'HUI "NÈGRE LITTÉRAIRE".

LEURS PROTESTATIONS N'Y FONT RIEN, CAR UN SCRIBE, SURTOUT QUAND IL EST MUET, N'A PAS VOIX AU CHAPITRE...

SEUL L'UN D'ENTRE EUX, BIGDATHA, PARVIENT À S'ENFUIR EN EMPORTANT UNE COPIE DU FAMEUX CHAPITRE...

... ET À QUITTER DISCRÈTEMENT LA VILLA DE PROMOPLUS...

IL M'A SEMBLÉ VOIR FUIR UN NUMIDE!

AH AH! UN NUMIDE QUI FUIT! ELLE EST BIEN BONNE!

LA SUITE, ON LA CONNAÎT : LE LIVRE DE CÉSAR SORT DANS SA VERSION EXPURGÉE ET FAIT UN MALHEUR. LES "ACTA DIURNA(*)" À ROME SONT UNANIMES...

(*) JOURNAUX

JVLIVS CAESAR COMMENTAIRES SVR LA GVERRE DES GAVLES

1 Sesterce! Ecce
UN TEXTE EXHAVSTIF ET JVBILATOIRE!

hic Roma
COVP DE TONNERRE DANS LE MONDE DES LETTRES!

Mundus Litterarum
DEJA VN CLASSIQVE!

QUELQUE TEMPS PLUS TARD, NOUS VOICI DANS LA PAISIBLE ARMORIQUE, OÙ LES ÉCHOS DE ROME SONT RARES ET DÉCHAÎNENT BEAUCOUP MOINS LES PASSIONS...

AH! MON "ÉCHO DE CONDATE". MERCI, PNEUMATIX!

CÉ

COMMENT SONT LES NOUVELLES, RÉZOWIFIX?

BOF!... PAS GRAND CHOSE: "ROME: SORTIE DU LIVRE DE CÉSAR..."

CÉSAR ÉCRIT? TIENS, JE CROYAIS QU'IL ÉTAIT MILITAIRE!

"UN TRIOMPHE! DÉJÀ CINQUANTE EXEMPLAIRES ÉCOULÉS!"

UN LIVRE? J'AI ENTENDU PARLER DE ÇA À LA FOIRE...

ILS NE SAVENT PLUS QUOI INVENTER CES ROMAINS!

Toc! Toc!

EN RÉALITÉ, UNE SEULE RUBRIQUE ÉVEILLE VRAIMENT L'INTÉRÊT DES GAULOIS...

L'HOROSCOPE DU DRUIDE APOLLOSIX!

AAAH!

AAH!

AAH!

"NATIFS DU CHÊNE"...

C'EST MOI! C'EST MOI!

PLOP!

COOOT!

"ON APPRÉCIERA VOTRE ENTRAIN. ATTENDEZ-VOUS À FAIRE DE NOUVELLES CONQUÊTES..."

7

"NATIFS DU CHÂTAIGNIER"...

ÇA, C'EST NOUS, OBÉLIX!

"ÉVITEZ LES CONFLITS. REMETTEZ-VOUS EN QUESTION. DIMINUEZ LES SANGLIERS."

"NATIFS DU... CHARME!.!"

C'EST MOI!

"VOUS DÉBORDEZ D'INSPIRATION. C'EST LE MOMENT D'EN FAIRE PROFITER VOTRE ENTOURAGE!"

ON VERRA!

"TILLEUL: LE MOMENT EST VENU DE RÉVÉLER LE CHEF QUI SOMMEILLE EN VOUS.!!"

C'EST MOI!

OBÉLIX! RESSAISIS-TOI, VOYONS! CES PRÉSAGES SONT DES SOTTISES. EST-CE QUE J'Y CROIS, MOI?

C'EST PARCE QUE TU ES UN ESPRIT FORT, ASTÉRIX. JE NE SUIS PAS UN ESPRIT FORT, MOI. JE SUIS TENDRE ET SENSIBLE...

TU EXAGÈRES, CE N'EST PAS SI GRAVE!

DIMINUER LES SANGLIERS, CE N'EST PAS GRAVE?

OBÉLIX, MON AMI, RESTE CALME! TU DOIS AUSSI ÉVITER LES CONFLITS!

QUE SE PASSE-T-IL, ASTÉRIX?

OBÉLIX A L'AIR TOUT CHAMBOULÉ PAR SON HOROSCOPE, Ô DRUIDE...

OUI. SOUVENT, LES GENS ONT TENDANCE À CROIRE CE QUI EST ÉCRIT. C'EST UN PHÉNOMÈNE ÉTRANGE!

PENDANT CE TEMPS, À ROME, UN COCKTAIL-ORGIE EST DONNÉ CHEZ PROMOPLUS POUR FÊTER LA SORTIE DES "COMMENTAIRES SUR LA GUERRE DES GAULES"!.

UN STYLE RE-MAR-QUA-BLE!

PLUS FORT QUE VIRGILE!

LA PRESSE EST UNANIME, MON CHER PROMOPLUS.

OUI. J'AI TROUVÉ TA CRITIQUE DU "MUNDUS" TRÈS FINE ET INSPIRÉE...

BAH! QUAND ON PEUT AIDER LES NOUVEAUX AUTEURS...

QU'Y A-T-IL KEFÉLAPOLIS?

TES GARDES TE RÉCLAMENT, Ô PROMOPLUS.

NOUS AVONS RETROUVÉ TON SCRIBE NUMIDE, Ô PROMOPLUS!

IL TRAÎNAIT SUR LE FORUM...

IL MANQUE LA COPIE D'UN CHAPITRE! QU'EN AS-TU FAIT, SCRIBE? PARLE!

IL NE PEUT PAS. IL EST MUET, COMME TOUS TES SCRIBES.

IL A ÉTÉ VU EN COMPAGNIE D'UN INDIVIDU SUSPECT: UN GAULOIS BIEN CONNU DE NOS SERVICES...

QUOI?! QUI EST CE GAULOIS? VAS-TU PARLER?

EUH... IL EST MUET, Ô PROMOPLUS!

QU'IL ÉCRIVE! JE VEUX UN RAPPORT DÉTAILLÉ DE TOUTE CETTE AFFAIRE!

YOU-OUH PROMOPLUS! ON S'AMUSE! QU'ATTENDS-TU POUR NOUS REJOINDRE?

YOU-OUH ME VOILÀ...

9

UN PEU PLUS TARD...

LE SCRIBE ÉCRIT AVOIR AGI PAR IDÉAL, MAÎTRE.

IL SE DIT SOLIDAIRE DU PEUPLE GAULOIS, ET REFUSE QU'ON CENSURE UN CHAPITRE CLÉ DE SON HISTOIRE.

UN SCRIBE QUI PENSE! ON AURA TOUT LU!

NOUS AVONS AUSSI LA FICHE DE L'ACTIVISTE GAULOIS À QUI IL AURAIT CONFIÉ LE PAPYRUS.

MONTRE VITE!

DOUBLEPOLÉMIX

À SURVEILLER

COLPORTEUR SANS FRONTIÈRES

SÉVIT DANS LES FOIRES ET LES MARCHÉS.

DÉJÀ INTERPELLÉ POUR AVOIR COLPORTÉ DES RAGOTS SUR CÉSAR ET PEINT DES GRAFFITIS SUR SON PALAIS.

6A

CE GAULOIS VA CERTAINEMENT VOULOIR REGAGNER SON PAYS POUR METTRE LE PAPYRUS EN LIEU SÛR!

KEFÉLAPOLIS! ENVOIE MON UNITÉ SPÉCIALE SUR SA PISTE ET EXPÉDIE DES PIGEONS VOYAGEURS PARTOUT AVEC SON SIGNALEMENT. IL FAUT L'INTERCEPTER AVANT QUE CÉSAR N'AIT VENT DE CETTE AFFAIRE!

CE SERA FAIT, Ô PROMOPLUS.

AUSSITÔT, LES HOMMES DE LA CENSURE DE PROMOPLUS S'ÉLANCENT SUR LES TRACES DU FUGITIF...

C'EST TOUJOURS NOUS LES PIGEONS!

6B

QUELQUE TEMPS PLUS TARD...

IDÉFIX, TU SAIS QUOI ? ON VA CHERCHER DES CHAMPIGNONS. L'HOROSCOPE DU DRUIDE APOLLOSIX NE DIT RIEN CONTRE LES CHAMPIGNONS !

BONG

TU ES UN DES IRRÉDUCTIBLES ? AIDE-MOI ! CES ROMAINS VEULENT ME FAIRE TAIRE !

STOP ! VOUS AVEZ ENTENDU ? UN IRRÉDUCTIBLE !

DEMI-TOUR, VITE !

BONG

7A

ATTENDEZ ! VOUS NE RISQUEZ RIEN, JE DOIS ÉVITER LES CONFLITS !

ILS DISENT TOUS ÇA !

UN IRRÉDUCTIBLE, ENFIN ! ES-TU ASTÉRIX, CE GUERRIER VIF ET MALIN QUE LES ROMAINS REDOUTENT ?

NON, MOI C'EST OBÉLIX, SON INSÉPARABLE COMPAGNON AMATEUR DE SANGLIERS. MAIS JE ME LIMITE UN PEU EN CE MOMENT...

QUELLE JOIE ! MOI, C'EST DOUBLEPOLÉMIX. JE SUIS COLPORTEUR DE NOUVELLES ET CORRESPONDANT À ROME DU "MATIN DE LUTÈCE".

J'AI SUR MOI UN DOCUMENT QUI VA FAIRE TREMBLER L'EMPIRE : LE PAPYRUS MANQUANT DU LIVRE DE CÉSAR !

7B

ET TU TRANSPORTES TOUJOURS DE QUOI MANGER ?

MES PIGEONS ? OH NON ! ILS ME SERVENT UNIQUEMENT À ENVOYER DES MESSAGES.

BROU ?

SNIF

PAS BÊTE POUR LIMITER SA NOURRITURE !

?

QUE D'ÉMOTION ! ME VOICI DANS LE FAMEUX VILLAGE D'IRRÉDUCTIBLES QUE CÉSAR DÉCRIT DANS SES PAPYRUS !

AH ? C'EST DONC VRAI QU'IL ÉCRIT, CÉSAR ?

BIEN SÛR ! CÉSAR ÉCRIT MÊME QUE C'EST GRÂCE À VOTRE UNION ET À VOTRE BONNE ENTENTE QUE ...

DES NOUVELLES CONQUÊTES, OUI MONSIEUR QUI RICANE !

8A

OSE DIRE QUE TU NE CROIS PAS AUX ASTRES, JEUNE MÉCRÉANT !

PFF ! DANS LE POISSON, ON EST PLUS TERRE À TERRE !

?

NOUVELLES CONQUÊTES, HEIN ?!

PFRR

PAF

JALOUX !

... MAIS MON HOROSCOPE A DIT : "VOUS EN FEREZ PROFITER VOTRE ENTOURAGE" !

LE MIEN AUSSI !

D'APRÈS MON HOROSCOPE, JE SUIS UN CHEF, MOI, MADAME !

HOROSCOPE OU PAS, À LA QUEUE, COMME TOUT LE MONDE !

TU SAIS CE QU'IL TE DIT, LE NATIF DU COGNASSIER ?

VIENS ! LA HUTTE DU CHEF EST LÀ !

CHEZ **FAPÉTIX** CRUSTACÉS

POI

8B

UN CHAPITRE, DIS-TU ?

OUI ! UN CHAPITRE DE SON LIVRE "LA GUERRE DES GAULES" QUE JULES CÉSAR A SUPPRIMÉ !

C'EST UN COLPORTEUR DE NOUVELLES DE LUTÈCE QUI NE MANGE PAS LES PIGEONS QU'IL TRANSPORTE...

UN SCRIBE EN FUITE ME L'A CONFIÉ TANDIS QUE J'ÉTAIS EN COLPORTAGE (*) À ROME... DEPUIS, LA CENSURE ROMAINE ME TRAQUE !

(*) AUJOURD'HUI, NOUS DIRIONS "REPORTAGE".

CE CHAPITRE VOUS CONCERNE, REGARDEZ L'INDEX !

PAS CET INDEX-LÀ, OBÉLIX !

INDEX

DE QUELQUES AFFAIRES AYANT OPPOSÉ CÉSAR AUX IRRÉDUCTIBLES GAULOIS :

LE TOUR DE GAULE
BOUCLIER ARVERNE
L'OTAGE IBÈRE
AGENT DÉTRITUS
ROMAINE DES DIEUX
LA CORSE

ET TU DIS QU'IL A ÉCARTÉ CE CHAPITRE ? TSK ! TSK ! CÉSAR ME DÉÇOIT...

C'EST POURTANT UN EXCELLENT CHAPITRE...

PLEIN DE BONS SOUVENIRS !

QUEL INDEX ?

?

ATTENDEZ, VOUS NE COMPRENEZ PAS ! CE PAPYRUS EST UN **CANALIS** (*) ÉNORME !

(*) UN TUYAU : UN SCOOP.

IL PROUVE QUE CÉSAR A MENTI ET QUE **TOUTE** LA GAULE N'EST PAS CONQUISE !

QUAND LES ROMAINS L'APPRENDRONT, CE SERA UN SCANDALE GIGANTESQUE,

TOUT L'EMPIRE VA TREMBLER !

TU VEUX DIRE QU'À ROME, LES GENS IGNORENT QUE NOUS RÉSISTONS ENCORE ET TOUJOURS ?

C'EST POSSIBLE, ROME EST LOIN ET COMME NOUS SOMMES RELATIVEMENT DISCRETS...

JE SAIS : ET SI POUR EXPLIQUER AUX GENS, J'ÉCRIVAIS AUSSI UN LIVRE ? ÇA S'APPELLERAIT "COMMENTAIRES SUR LA GUERRE DES GAULES PAR LE CHEF ABRARACOURCIX" ET...

AH AH AH !

UNE OBSERVATION, BONEMINE ?

TOI, ÉCRIRE ? QUAND TU AS DÉJÀ DU MAL À DÉCHIFFRER LE PETIT PAPYRUS DES COMMISSIONS ?

MOI, J'...?

ALLONS, ALLONS, DU CALME !

JE VOUS RAPPELLE QUE L'ÉCRITURE CONCERNE SURTOUT LES GRECS ET LES ROMAINS. NOUS AUTRES GAULOIS SOMMES AVANT TOUT DE TRADITION ORALE ET...

10A

ÇA, C'EST VRAI QU'À PART DISCUTER...

BIEN. DOUBLEPOLÉMIX, NOUS ALLONS ÉTUDIER LE CAS DE CE PAPYRUS ! EN ATTENDANT, SACHE QUE...

BLA BLA BLA !

BONEMINE ! JE SUIS LE CHEF ICI, ET QUAND LE CHEF S'EXPRIME...

BLA BLABLA !

ET MOI ? QU'EST-CE QUE JE FAIS, ALORS ?

TU RESTES AVEC NOUS LE TEMPS QUE LES ROMAINS OUBLIENT UN PEU CE PAPYRUS...

J'IGNORAIS QUE LES ROMAINS AIMAIENT TANT LIRE !

10B

PENDANT CE TEMPS, AU CAMP DE BABAORUM...

AVÉ, CENTURION ULTRARÉPANDUS! NOUS SOMMES L'UNITÉ SPÉCIALE VENUE DE ROME POUR ENQUÊTER SUR LE PAPYRUS VOLÉ.

AVÉ! OUI, JE CROIS AVOIR LU UN PIGEON VOUS CONCERNANT...

DEPUIS PEU, EN EFFET, L'ARMÉE ROMAINE S'EST DOTÉE DES NOUVELLES TECHNOLOGIES...

JE VIENS POUR LA RELÈVE DU PIGEONNIER...

INSTALLE-TOI, ANTIVIRUS.

LE FUGITIF QUE NOUS TENTIONS D'APPRÉHENDER VIENT DE RALLIER LE VILLAGE DES IRRÉDUCTIBLES GAULOIS.

ALORS, ABANDONNEZ!

PARDON?

CES GAULOIS SONT INTRAITABLES. VOUS NE REVERREZ JAMAIS CE PAPYRUS!

EUH... DANS CE CAS, NOUS DEVONS EN RÉFÉRER À ROME! POUVONS-NOUS UTILISER UN DE TES PIGEONS?

BIEN SÛR, FAITES!

11A

EN MATIÈRE DE PIGEONS, NOUS DISPOSONS D'UNE OFFRE ILLIMITÉE...

RROU
RROU
RROU
RROU RROU
RROU
RROU

NOTE : " PAPYR. LOC. VILL. GAUL. "

OUI. FAUT FAIRE COURT.

N'OUBLIE PAS LE DESTINATAIRE!

PEU APRÈS...

IL EST PARTI!

OUPS! PAR MERCURE! ON N'A PAS PRÉCISÉ QUEL VILLAGE!

?

PAS GRAVE! ON VA ENVOYER UN PIGEON RECTIFICATIF.

IL SUFFIT DE PRENDRE UN PIGEON PLUS LOURD POUR QU'IL NE DOUBLE PAS LE PREMIER PIGEON.

RROU?

11B

LE MOMENT EST VENU DE DIRE UN MOT DE CE MOYEN MODERNE DE COMMUNICATION...

LE PIGEON VOYAGEUR ARRIVE À UN RELAIS...

ROU

FLP FLP

...OÙ IL EST REMPLACÉ PAR UN DE SES CONGÉNÈRES JUSQU'AU RELAIS SUIVANT...

ET HOP!

FLAP FLAP

FLAP FLAP RROU

...TRÈS FIABLE, IL TEND À SUPPLANTER LE "CURSUS PUBLICUS (*)", BEAUCOUP PLUS LENT.

FLP FLP FLP FLP FLP FLP FLP FLP FLP

*! 'FERAIENT MIEUX D'AUGMENTER LES EFFECTIFS!

(*) POSTE ROMAINE.

MFF!

VAS-Y, TU LE BATS!

SON ENNEMI PRINCIPAL RESTE LE FAUCON...

RROU!

12A

...QU'IL PARVIENT À DISTANCER PARFOIS GRÂCE AU BROUILLARD...

?

FLP FLP FLP FLP FLP FLP FLP FLP

...SON AUTRE ENNEMI.

FLP FLP FLP FLP PAF

OUILLE!

FLP FLP FLP FLP FLP

?

CHEF! UN PIGEON 'EÇU DANS L'OEIL AVEC UN MESSAGE!

· RROU

QUE DIT LE MESSAGE ?

AUCUNE IDÉE, CHEF! JE NE SAIS PAS LI'E!

"DAT VENIAM CORVIS, VEXAT CENSURA COLUMBAS" COMME ON DIT.

ON GARDE LE PIGEON!

ÇA 'OULE!

ON PARLE DANS CE CAS-LÀ DE PIRATAGE DE L'INFORMATION.

12B

LA NUIT EST TOMBÉE SUR LE VILLAGE...

TU M'INQUIÈTES, OBÉLIX...

TU N'AS MANGÉ QUE TROIS SANGLIERS CE SOIR.

C'EST MON HOROSCOPE QUI ME BARBOUILLE...

ZZZ

RRRou RRou RRou

PENDANT CE TEMPS, CHEZ LES AGECANONIX...

RRRzzz NOUVELLES CONQUÊÊÊTES ZZZ

ET CHEZ LES ABRARACOURCIX...

AH! ELLE EST BELLE, L'IMAGE QUE TU DONNES DE NOUS À CE COLPORTEUR DE NOUVELLES DE LUTÈCE!

ON N'AVAIT PAS DIT QU'ON FAISAIT UNE TRÊVE, MIMINE?

13A

IL APPORTE UN PAPYRUS À FAIRE TREMBLER TOUT L'EMPIRE ET MONSIEUR S'EN FICHE!

?

À CAUSE DE TOI, LES ENFANTS APPRENDRONT DEMAIN QUE **TOUTE** LA GAULE ÉTAIT CONQUISE PAR CÉSAR!

DIS-LE QUE C'EST ÇA QUE TU VEUX!

CONVOCATION IMMÉDIATE, VOUS TROIS! ON NE LAISSE PAS TRAÎNER UNE AFFAIRE QUI VA FAIRE TREMBLER TOUT L'EMPIRE!

13B

APRÈS AVOIR, EUH... MÛREMENT RÉFLÉCHI, J'AI DÉCIDÉ QUE LE MENSONGE DE CÉSAR NE POUVAIT RESTER IGNORÉ...

IL EST IMPORTANT QUE NOS DESCENDANTS SACHENT QUE CÉSAR N'AVAIT PAS CONQUIS **TOUTE** LA GAULE!

ABSOLUMENT!

DANS CE CAS, JE NE VOIS QU'UNE SOLUTION: LE DRUIDE **ARCHÉOPTÉRIX** QUI VIT DANS LA FORÊT DES CARNUTES!

?
?
?

ARCHÉOPTÉRIX EST LE GARDIEN SECRET DE NOS CONNAISSANCES. IL GRAVERA CE PAPYRUS DANS SA MÉMOIRE, AFIN QU'IL SOIT TRANSMIS, COMME LE VEUT NOTRE TRADITION, PAR LE BOUCHE-À-OREILLE!

WIF ZZZ

14A

... CAR, COMME DIT LE VIEUX PROVERBE GAULOIS: **"LES ÉCRITS S'ENVOLENT, LES PAROLES RESTENT!"** (*)

(*) CE PROVERBE, SANS DOUTE MAL RETRANSCRIT, NOUS EST PARVENU DANS SA VERSION APPROXIMATIVE...

VOILÀ QUI EST PARLÉ! ASTÉRIX ET OBÉLIX, VOUS ESCORTEREZ NOTRE DRUIDE JUSQU'AUX CARNUTES POUR REMETTRE CE PAPYRUS À ARCHÉOPTÉRIX.

COMPRIS, Ô CHEF!

ON PEUT ALLER SE COUCHER, MAINTENANT?

TU SEMBLES BIEN CONNAÎTRE CE DRUIDE, Ô PANORAMIX?

OUI, ET J'AURAI PLAISIR À LE REVOIR! ARCHÉOPTÉRIX A ÉTÉ MON MAÎTRE À L'ÉCOLE DES DRUIDES, JADIS, QUAND J'ÉTAIS JEUNE...

J'IGNORAIS ZZZ QUE PANORAMIX ZZZ AVAIT ÉTÉ JEUNE ZZZ...

14B

LE LENDEMAIN, À L'AURORE...

POUR TROMPER LA SURVEILLANCE DES ROMAINS, VOUS ALLEZ SORTIR PAR LA PETITE PORTE !

CROuiik

SI TU PEUX, RAPPORTE-MOI LE PAPYRUS, ASTÉRIX. J'AIMERAIS BIEN LE COLPORTER UN JOUR À LUTÈCE...

PROMIS, DOUBLEPOLÉMIX.

DÉPÊCHE-TOI, OBÉLIX !

GNNNGNN... JE N'AIME PAS SORTIR PAR LA PETITE PORTE !

BON VOYAGE AUX CARNUTES ! FAITES ATTENTION AUX ROMAINS !

TOUT IRA BIEN. NOUS AVONS LA POTION MAGIQUE !

J'AIME BIEN LE "NOUS" !

15A

?

?

MAIS MAIS MAIS... MES NOUVELLES CONQUÊTES !

QUANT À NOUS, MON JEUNE AMI, SI NOUS REPARLIONS UN PEU DE CETTE IDÉE DE "GUERRE DES GAULES" PAR ABRARACOURCIX ?

QUELQU'UN PEUT ME DIRE CE QUE NOUS ALLONS FAIRE AUX CARNUTES, EXACTEMENT ?

AÏE ! J'ATTENDAIS CETTE QUESTION.

15B

PAR MERCURE! TU AS LAISSÉ FILER LES PIGEONS!

FLP FLP FLB FLP FLP FLP FLP FLB FLP FLP POC FLP FLP FLP FLP FLP FLP

?

?

DES PIGEONS ROMAINS! **ON NOUS ÉPIE!**

CATASTROPHE! LE PETIT HARGNEUX VIENT VERS NOUS!

FAITES COMME MOI, VITE!

RROU RROU!

AÏE AÏE AÏE!

Glou Glou Glou Glou

?

RRR OUH! RROU RROU **PAF**

PIF RROU? CLAC CLAC CLAC

TIENS BON, OBÉLIX! CE CONFLIT NE TE CONCERNE PAS!

SANS DOUTE CEUX VENUS DE ROME POUR REPRENDRE LE PAPYRUS!

C'EST FINI? JE PEUX REGARDER?

JE N'AIME PAS ÇA. HÂTONS-NOUS DE LES DISTANCER!

COMMENT VOIT-ON QUE CE SONT DES PIGEONS ROMAINS, ASTÉRIX?

ILS SONT GRIS ET VOLENT EN FORMATION.

RRRWAF!

RRROUUU...

C'EST BON! ARRÊTE DE ROUCOULER, IMBÉCILE!

JE CONNAIS CES TROIS GAULOIS, LEUR DÉPART EST ÉTRANGE... QUEL NOM ONT-ILS MENTIONNÉ?

EUH... ÇA M'ÉCHAPPE.

ET POURTANT, SUR LE COUP, ÇA M'A FRAPPÉ...

ROU

NOUS ALLONS LES SUIVRE. IL FAUT VÉRIFIER S'ILS ONT EMPORTÉ LE PAPYRUS AVEC EUX.

SOIT. QUANT À MOI, JE VAIS FAIRE SURVEILLER LE VILLAGE!

LE PLEIN DE PIGEONS FAIT, LES HOMMES DE PROMOPLUS REPARTENT...

RROU

... PENDANT QU'UNE BRIGADE DE GUETTEURS CAMOUFLÉS VA SE POSTER AUTOUR DU VILLAGE GAULOIS.

ET RAPPELEZ-VOUS : C'EST UN PAPYRUS QU'ON RECHERCHE!

AH AH! VOUS AVEZ VU? LE BLEU SE DISTINGUE!

IL A OPTÉ POUR LE SAPIN!

TOUJOURS EN POINTE, HEIN, ASPARAGUS?

HI! HI! HI!

HO! HO! HO!

AH! AH! AH!

RIEZ, BANDE D'EMPOTÉS! VOUS VERREZ QUI LE CENTURION FÉLICITERA AU RETOUR!

ET UNE LONGUE ATTENTE COMMENCE...

?

CETTE PETITE PROMENADE M'A INSPIRÉ, TU AS DE QUOI ÉCRIRE, DOUBLEPOLÉMIX?

OUI, J'AI TOUJOURS UN PAPYRUS PRÊT DANS MA DOUBLURE.

LE PAPYRUS! JE LE VOIS! LES AUTRES VONT ÊTRE VERTS!

18B

PENDANT CE TEMPS, À ROME...

DEUX MESSAGES DE GAULE, MAÎTRE!

ENFIN! MONTRE VITE!

? EUH...

TU DEVRAIS INVERSER LES DEUX MESSAGES, MAÎTRE.

DES IRRÉDUCTIBLES

PAPYR. LOC. VILL. GAV.

LE PAPYRUS CHEZ LES IRRÉDUCTIBLES?

MAIS, KEFÉLAPOLIS, SI ÇA S'ÉBRUITE, POUR MOI, C'EST LE CIRQUE!

AUTRE CHOSE, MAÎTRE... CÉSAR VEUT TE VOIR!

CÉSAR? QUEL CÉSAR? LE CÉSAR?

14A

C'EST IMPOSSIBLE! CÉSAR NE PEUT PAS ÊTRE DÉJÀ AU COURANT... IL NE PEUT PAS!

APPRENDS, PROMOPLUS, QUE JULES CÉSAR EST AU COURANT!

IL SAIT QUE C'EST À TES BONS CONSEILS QU'IL DOIT SON TRIOMPHE!

REGARDE! LES DEMANDES DE DÉDICACES AFFLUENT DE TOUT L'EMPIRE!

CLIO

14B

23

MÊME MON ASTROLOGUE, LE GREC IPSOS, EST FORMEL! GRÂCE À CE LIVRE, LE NOM DE CÉSAR PASSERA À LA POSTÉRITÉ!

POUF

AUSSI, VOIS-TU, J'ÉTAIS EN TRAIN DE ME DEMANDER SI JE N'ÉCRIRAIS PAS UNE "GUERRE DES GAULES II"?

PEU APRÈS...

BON! IL NE SE DOUTE DE RIEN, MAIS JE DOIS AGIR VITE!

KEFÉLAPOLIS, ANNULE MON AGENDA. JE PARS DÈS DEMAIN POUR UN VOYAGE ÉCLAIR EN GAULE!

OUI, MAÎTRE!

PRÉVOIS LE STRICT NÉCESSAIRE. ÇA DOIT RESSEMBLER À UN BANAL DÉPLACEMENT PROFESSIONNEL.

20A

ET LE LENDEMAIN...

GAVLE
EMPIRE ROMAIN

ROME

20B

PENDANT CE TEMPS, NOS TROIS GAULOIS ARRIVENT EN VUE DES CARNUTES.

GRR

C'EST CURIEUX, IDÉFIX EST GROGNON.

JE PARIE QUE CE SONT CES TROIS ROMAINS QUI NOUS SUIVENT ...

FORÊT DES CARNU
INTERDIT AUX NON-DRUIDES

AUCUNE IMPORTANCE! NOUS LES PERDRONS FACILEMENT DANS LA FORÊT.

RRR

ILS ENTRENT DANS LA FORÊT!

CONTINUONS À LES SUIVRE!

PANORAMIX!

?

GASDECHIX! VIEUX PIRATE!

21A

TOURNE, TOURNE, AUTOUR DU CHÊNE, TROUVE LE GUI, TROUVE LE GUI ...

CUEILLE, CUEILLE, TOUT LE GUI, QUAND C'EST FINI, CHANGE DE CHÊNE ...

JE VOUS PRÉSENTE GASDECHIX, MON VIEUX CAMARADE DE L'ÉCOLE DES DRUIDES! NOUS AVONS OBTENU NOTRE PREMIER BREVET SERPETTE ENSEMBLE.

SACRÉ PANORAMIX, IL NE BOUGE PAS D'UN POIL!

JE CROYAIS QUE C'ÉTAIT PYROTECNIX QUI ÉTAIT DE GARDE JUSQU'À LA NOUVELLE LUNE ...

JE LE REMPLACE PENDANT SON STAGE DIVINATION À DELPHES.

ILS PARLENT À UN AUTRE DRUIDE ...

SÛREMENT CET APTÉROPTÉTRUC.

VOUS VOUS RENDEZ CHEZ LE GRAND DOYEN? HUM! LA FORÊT EST DEVENUE TOUFFUE PAR LÀ. JE VOUS APPELLE UN GUIDE!

21B

TWIIIIIIIIT TWIIIIIIIT

IL APPELLE AVEC UN ROSEAU?

BIEN SÛR, C'EST CONNU: PAS DE ROSEAU, PAS D'APPEL!

CET ÉCUREUIL VOUS SERVIRA DE GUIDE JUSQU'AU COEUR DE LA FORÊT.

GRR...

TWIT

ET PEU APRÈS...

BON VOYAGE! SALUEZ LE GRAND DOYEN POUR MOI.

SA FLÛTE, ÇA MARCHERAIT POUR LES SANGLIERS, TU CROIS?

MERCI GASDECHIX! À BIENTÔT!

TWIT TWIT

ILS SUIVENT UN ÉCUREUIL?

ILS SONT FOUS, CES GAULOIS!

SUIVONS-LES AUSSI! NOUS DEVONS SAVOIR S'ILS ONT LE PAPYRUS.

POÔÔÔÔ

EUH...UN INSTANT!

LE DRUIDE REPREND SA FLÛTE...

IL A JOUÉ PLUS GRAVE CETTE FOIS.

RRROAR

TIENS? IL Y A UN CONFLIT LÀ-BAS...

RROU

OUI. J'AI DEMANDÉ À GASDECHIX DE S'OCCUPER DES ROMAINS.

26

ET LE VOYAGE SE POURSUIT DANS UNE FORÊT...

... DE PLUS EN PLUS PROFONDE...

OH! DES CHÈVRES SAUVAGES...

NON OBÉLIX, CE SONT DES LICORNES.

... ET MYSTÉRIEUSE.

ET LÀ, DE L'EAU MIRACULEUSE?

NON, NON. DE L'EAU COURANTE.

HUM! COMMENT TRAVERSER?

J'AI UN PLAN!

NOUS ALLONS UTILISER DES ROCHERS! UN ROCHER, PUIS DEUX, PUIS TROIS ET ENSUITE EN ALTERNANCE... TU COMPRENDS, OBÉLIX?

NON.

TWIT TWIT

ATTENDEZ! C'EST INUTILE! L'ÉCUREUIL A TROUVÉ UN PONT.

"J'AI UN PLAN"! PRFRR...HIHIHI!

OUI BON ÇA VA, OBÉLIX!

TANDIS QUE...

ÇA, JE NE SAIS PAS CE QUE C'EST MAIS ÇA COURT VITE!

RROU

LÀ-BAS! L'ARBRE D'ARCHÉOPTÉRIX.

PRODIGIEUX, PAR TOUTATIS!

OUAH!

LA NUIT TOMBE. FAISONS ÉTAPE SOUS LE DOLMEN, LÀ-BAS!

LA NUIT VENUE...

ON A BIEN FAIT DE TRAVERSER LA RIVIÈRE...

OUI. CETTE RIVE A L'AIR PLUS NORMALE.

NOUS SERONS À L'ABRI SOUS CE DOLMEN.

ZZZ ZZZ

ZZZ

RRR... WAF! WAF!

QU'EST-CE QUI SE PASSE, OBÉLIX?

JE NE SAIS PAS, ASTÉRIX, JE CROIS QU'IL Y A DES GENS...

P... PARDONNEZ-NOUS, NOUS IGNORIONS QU'IL S'AGISSAIT D'UN DOLMEN PRIVÉ, ICI, ET...

MAIS VOUS CHERCHEZ TOUJOURS DES CONFLITS, VOUS LES ROMAINS! ET MON HOROSCOPE? VOUS AVEZ PENSÉ À MON HOROSCOPE?

LAISSE, OBÉLIX, JE M'EN OCCUPE! GLOU GLOU GLOU

CLAC CLAC CLAC

BROUM

AÏE!

BROU

NON! ASSEZ, PAR JUPITER! FUYONS!

ET, AU PETIT MATIN...

FINALEMENT, ON DORT ASSEZ MAL SOUS UN DOLMEN...

C'EST MALIN! IL VA FALLOIR LE REMETTRE D'APLOMB MAINTENANT!

UNE CHANCE QU'ILS N'AIENT PAS EMPORTÉ LE PAPYRUS!

TWIT!

OBÉLIX, TU VIENS?

VOILÀ! VOILÀ! J'ARRIVE!

PENDANT CE TEMPS, À BABAORUM...

L'ILLUSTRE BONUS PROMOPLUS, ÉMISSAIRE PLÉNIPOTENTIAIRE DE JULES CÉSAR!

AVÉ!

LEVEZ PLUS HAUT, VOUS AUTRES!

?

AVÉ, PROMOPLUS, SOIS LE BIENV...?

BERK! JE HAIS LA CAMPAGNE! LE CONTACT DE L'HERBE M'HORRIPILE!

FROT FROT

PEU APRÈS...

TU DIS QUE CES TROIS GAULOIS ONT QUITTÉ LE VILLAGE? CURIEUX!... QUE DISENT LES RAPPORTS DE MES HOMMES?

LEURS PIGEONS SONT VAGUES: "SUIVONS ÉCUREUIL"...

... ET SUR CELUI-CI, ON DÉCHIFFRE LE MOT "OURS" MAIS LE RESTE EST DÉCHIQUETÉ...

RROU RROU

HMM...PASSONS! LE COLPORTEUR ET SON PAPYRUS?

TOUJOURS AU VILLAGE. MES GUETTEURS SONT FORMELS!

FROT

25A

SANS SON DRUIDE ET SES DEUX PRINCIPAUX GUERRIERS, LE VILLAGE EST VULNÉRABLE! NOUS POURRIONS ATTAQUER EN FORCE ET...

COMME ÇA, BÊTEMENT, EN COURANT DANS L'HERBE? BERK BERK BERK!

DZIING

NON! J'AI UN PLAN PLUS SÛR. POUR OBTENIR CE PAPYRUS, NOUS ALLONS PASSER **PAR LES AIRS!**

iiiK

AU VILLAGE, JUSTEMENT...

... ET C'EST AINSI QUE, DES ANNÉES DURANT, MOI, ABRARACOURCIX, CHEF GAULOIS, JE TINS GLORIEUSEMENT TÊTE AUX ARMÉES DE CÉSAR...

MOUAIS... TU OUBLIES DE PRÉCISER QUE C'EST SURTOUT GRÂCE À LA POTION MAGIQUE DU DRUIDE.

25B

PEU APRÈS...

...MAIS LE ZINZINIUM PEUT ÊTRE ENCORE PLUS AIGU, ÉCOUTE!

NON, NON, JE TE CROIS! ET LE GROS COR QUI EST LÀ?

DZZOiiiGGGGGGGG GGG

LE BEUGLOPHON?
AH NON! IL EST SACRÉ, ON NE TOUCHE PAS!

Z

JE NE L'UTILISE QUE POUR LES GRANDES OCCASIONS!

JE VOIS!

NE PARS PAS, TU N'AS PAS ENTENDU L'ORYPILINX!

MERCI ASSURANCETOURIX, ÇA IRA!

27A

PENDANT CE TEMPS, AUX CARNUTES...

NOUS Y SOMMES!

REMERCIONS NOTRE GUIDE!

IDÉFIX, CE N'EST PAS BEAU D'ÊTRE JALOUX!

PFF

27B

ARCHÉOPTÉRIX? C'EST MOI, PANORAMIX, TON ANCIEN ÉLÈVE!

C'EST BEAU, LE CHÊNE!

OUI, IL FAUT AIMER LE RUSTIQUE...

PARASISMIX? PARASISMIX?

PANORAMIX, MAÎTRE! ET VOICI ASTÉRIX ET OBÉLIX!

ET IDÉFIX!

WIF!

PANÉLECTRIX! MAIS OUI! MA MÉMOIRE ME JOUE DES TOURS!

LA POTION MAGIQUE, MAÎTRE!

LA LOTION MAGIQUE QUI REND IMPUTRESCIBLE!

LA POTION QUI REND INVINCIBLE, MAÎTRE!

EH BIEN, JE SUIS HEUREUX DE VOIR QUE LE GALOPIN TURBULENT QUE TU ÉTAIS EST DEVENU UN DRUIDE VÉNÉRABLE!

AH, AH! SOUVIENS-TOI LA FOIS OÙ TU AVAIS FAIT FLEURIR DES COLCHIQUES DANS MES BRAIES.

EUH... JE VIENS POUR L'ENREGISTREMENT D'UN PAPYRUS, MAÎTRE!

MPFF....

MPFF....

28A

ENCORE UN PAPYRUS! MA PAUVRE MÉMOIRE EST PLEINE! PARFOIS, J'AI L'IMPRESSION DE NE PLUS RIEN POUVOIR GRAVER!

VOUS M'ATTENDEZ EN BAS, VOUS DEUX!

HOU HOU HOU! LE GALOPIN!

HOHOHO! ♪ COLCHIIIQUES DANS LES BRAIES ♫ (*)

WIF WIF WIF

(*) VIEILLE COMPTINE GAULOISE.

28B

PLUS TARD...

DIS, ASTÉRIX, TU AS VU CES AMPHORES?

OUI, OBÉLIX... SÛREMENT DES BREUVAGES ÉLABORÉS PAR LES DRUIDES!

AH? ET TU CROIS QUE JE POURRAIS...

ÇA M'ÉTONNERAIT! VIENS, ALLONS PLUTÔT ATTENDRE DEHORS!

AU MÊME MOMENT...

ET ALORS, GAMIN? ON S'ENNUIE LOIN DE LUTÈCE?

SECOUE-TOI, VOYONS! FAIS COMME MOI, IL FAUT TOUJOURS CROIRE EN SA BONNE ÉTOILE!

POC

UN MESSAGE! APPORTÉ PAR UN AIGLE ROMAIN!

BRR! HORREUR! JE DÉTESTE CES GROS PORTEURS!

IMPOREXPOR EST DE RETOUR, Ô PROMOPLUS!

PARFAIT! IL NE RESTE PLUS QU'À ATTENDRE.

LIS : "RENCONTRONS-NOUS À BABAORUM POUR DISCUTER". ET C'EST SIGNÉ : "JULES CÉSAR"!

HEIN? CÉSAR VEUT ME VOIR?

N'Y VA PAS, C'EST UN PIÈGE!

JE NE CROIS PAS. CÉSAR CRAINT QUE L'AFFAIRE DU PAPYRUS NE S'ÉBRUITE!

RENDS-TOI COMPTE : UNE ENTREVUE AVEC JULES CÉSAR EN PERSONNE! ÇA VA ÊTRE UN CANALIS ÉNORME!

LA NUIT VENUE...

MAIS JE TE DIS QUE C'EST MOI QUI AI REÇU L'INVITATION...

TA DÉCISION EST PRISE?

UNE SIMPLE RECONNAISSANCE, JE VOUS PROMETS D'ÊTRE PRUDENT!

ET LUI DONNER UN PEU DE POTION MAGIQUE, ÇA NE T'EFFLEURERAIT PAS L'ESPRIT, PAR HASARD?

?

MAIS ENFIN BONEMINE, TU SAIS BIEN QUE LA RÉSERVE EST POUR CEUX DU VILLAGE...

BLABLABLA!

«COMMENT J'AI RENCONTRÉ CÉSAR» PAR NOTRE GRAND COLPORTEUR DOUBLEPOLÉMIX...

«JE N'AI PAS CONQVIS TOVTE LA GAVLE»... CES AVEUX EXCLUSIFS DE JULES CÉSAR QUI FONT TREMBLER L'EMPIRE!

«LE CAMP ROMAIN PARAISSAIT DÉSERT» TOUS LES DÉTAILS PALPITANTS D'UN COLPORTAGE À HAUT RISQUE...

PENDANT CE TEMPS, PANORAMIX CONTINUE SA LECTURE À ARCHÉOPTÉRIX...

"...CETTE BANDE D'IRRÉDUCTIBLES EST COMPOSÉE DE GAULOIS INCULTES ET DÉBRAILLÉS, QUI NE CONNAISSENT NI LA LOI, NI L'ORDRE...

IL ÉCRIT DRÔLEMENT BIEN, CÉSAR !

"... LE GROS DE LEUR TROUPE EST CONSTITUÉ D'UN GUERRIER ROUX À TRESSES NOMMÉ OBÉLIX ET..."

?

LE GROS ? QUEL GROS ?

ÇA VA PAS NON ? IL ÉCRIT N'IMPORTE QUOI, CÉSAR !

OUAH ! OUAH !

31A

OBÉLIX, MON AMI, CESSE DE CRIER, TU PERTURBES L'ENREGISTREMENT DU PAPYRUS !

VOUS AVEZ ENTENDU ? ILS ONT LE PAPYRUS ! UNE CHANCE D'ÊTRE ARRIVÉS JUSQU'ICI.

JE VEUX QUITTER CETTE FORÊT MAUDITE ! JE VEUX RENTRER...

IL FAUT VITE INFORMER BABAORUM !

ÇA TOMBE BIEN, IL RESTE UN PIGEON !

RROU

ET HOP !

NON, ATTENDS !

FLAP FLAP

FLAP FLAP

ON N'A PAS ACCROCHÉ LE MESSAGE...

31B

35

"... APRÈS VINT L'AFFAIRE DÎTE DE LA CORSE. NOTRE OTAGE S'APPELAÎT OCATARINE-TABELLATCHÎTCHIX..."

GROOO

TIENS, IDÉFIX GROGNE ENCORE...

CE N'EST PAS IDÉFIX, C'EST MON ESTOMAC. IL NE SUPPORTE PLUS CE RÉGIME ALLÉGÉ...

GROOOO

TU SAIS, OBÉLIX, J'AI UN PEU RÉFLÉCHI: DIMINUER LES SANGLIERS CRÉE UN CONFLIT EN TOI...

"... OR TON HOROSCOPE T'A CONSEILLÉ D'ÉVITER LES CONFLITS, DONC...

... DONC SI JE VEUX ÉVITER LES CONFLITS ...

ZZZ

JE NE DOIS PAS DIMINUER LES SANGLIERS!

ASTÉRIX, TU ES LE PLUS VIF ET LE PLUS MALIN! MERCI POUR CE BON CONSEIL!

DE RIEN!

BIZZ

?

?

?

EUH... OÙ VAS-TU?

CHASSER LE SANGLIER, J'AI FAIM!

PEU APRÈS...

AAAAHH?!!! C'EST VOUS?

NOUS ÉTIONS SUR LE POINT DE PARTIR, JUSTEMENT!

RROU

?

?

VOILÀ, VOILÀ.

HÉ! HÉ!

RROU

GRR.

ALORS, RÉCAPITULONS: DIMINUER LES ROMAINS CRÉE UN CONFLIT EN MOI, COMME LES SANGLIERS. OR, JE DOIS DIMINUER LES CONFLITS... DONC SI JE DIMINUE LES ROMAINS EUH...

?

LE LENDEMAIN...

LÀ, TU VOIS! DOUBLE POLÉMIX N'EST PAS RENTRÉ!

JE L'AVAIS POURTANT MIS EN GARDE!

CÉSAR A DÛ ÊTRE VEXÉ, C'EST MOI QU'IL AVAIT INVITÉ!

JE T'AVAIS DIT DE LUI DONNER DE LA POTION!

LA RÉSERVE SECRÈTE NE SERT QU'EN CAS D'EXTRÊME URGENCE!

JE PARTAGE L'AVIS DE BONEMINE. UN PEU DE POTION, PARFOIS...

IL EST CERTAIN QUE SI ON AVAIT ÉCOUTÉ BONEMINE...

PAR BÉLÉNOS! JE VOUS RAPPELLE QUE LE CHEF ICI, C'EST MOI!

ÇA TOMBE BIEN, PARCE QUE LES ROMAINS DEMANDENT À LE VOIR, JUSTEMENT!

BERK! LEVEZ, VOUS AUTRES! IL Y A DE L'HERBE PARTOUT, ICI!

GAULOIS, NOUS TENONS LE COLPORTEUR! RENDEZ-NOUS LE PAPYRUS DE CÉSAR!

ROMAIN! NOUS N'AVONS PAS CE PAPYRUS! ET SI TU CROIS NOUS IMPRESSIONNER...

BONEMINE, C'EST MOI QUI PARLE!

ROMAIN! NOUS N'AVONS PAS CE PAPYRUS! ET SI TU CROIS NOUS IMPRESSIONNER...

LA PROCÉDURE D'URGENCE! DÉCLENCHEZ LA PROCÉDURE D'URGENCE!

LA QUOI?

LA PROCÉDURE D'URGENCE?

ILS ONT UNE PROCÉDURE D'URGENCE?

ON EST VRAIMENT MAL INFORMÉS!

IL A RAISON! DÉCLENCHE LA PROCÉDURE D'URGENCE!

BONEMINE, CECI NE TE CONCERNE PAS!

GAULOIS! MA PATIENCE A DES LIMITES! LE PAPYRUS CONTRE L'OTAGE, VITE!

NE L'ÉCOUTEZ PAS! PRIORITÉ AUX DIRECTS!

BON, C'EST VRAI! ON LA DÉCLENCHE QUAND, CETTE PROCÉDURE?

?

C'EST MOI SEUL QUI DÉCLENCHE ICI, COMPRIS?

VAS-Y! DÉPÊCHE-TOI DE DÉCLENCHER ALORS!

JE DÉCLENCHE QUAND JE VEUX DÉCLENCHER MOI, MADAME!

BLA BLA BLA!

JE NE COMPRENDS PAS BIEN LEUR PROCÉDURE, PAR JUPITER!

EUH... CHEF, AVEC LES AUTRES, ON SERAIT PLUTÔT DE L'AVIS DE BONEMINE... IL FAUDRAIT SE DÉPÊCHER DE...

!

AH? VOUS ÊTES DE L'AVIS DE BONEMINE? TRÈS BIEN, DÉBROUILLEZ-VOUS AVEC ELLE! C'EST VRAI, QUOI! MARRE À LA FIN!

QU'EST-CE QU'ILS FONT?

ON DIRAIT QU'ILS BOUDENT...

VOUS CROYEZ QUE ÇA FAIT PARTIE DE LEUR PROCÉDURE D'URGENCE?

ASSEZ PALABRÉ, GAULOIS!

TU AS JUSTE LE TEMPS D'ALLER CHERCHER LE PAPYRUS!

CRIC

35A

DANS QUELQUES INSTANTS, LE CHAR DE PHŒBUS(*) ATTEINDRA LA MOITIÉ DU CIEL. J'ABATTRAI ALORS CE GLAIVE ET TON TEMPS DE RÉFLEXION SERA ÉCOULÉ!

(*) DIEU SOLEIL

HEIN? UN CHAR? OÙ ÇA?

C'EST QUI CE PHŒBUS?

MAIS MAIS... MA PAROLE! ILS SONT TOUS DEVENUS FOUS!

35B

39

LE BEUGLOPHON, VITE! PRÉVENIR ASTÉRIX!

GROUIIII! GROUUUI! GROUUUI!

GROUUUITTTTTII...

L'APPEL DU BEUGLOPHON EST ENTENDU AUSSITÔT À DES LIEUES À LA RONDE...

...ET, SELON UN CODE CONVENU, IL EST BIENTÔT RÉPERCUTÉ DANS TOUTES LES DIRECTIONS...

...BOOOOO BÔT BÔT

QU'EST-CE QUE C'EST?

C'EST HORRIIIBLE!

ON M'AVAIT DIT QU'ILS FAISAIENT DES SACRIFICES HUMAINS!

...PAR DES GAULOIS DE L'OMBRE...

TUD TUD TUD

... DE TOUS GENRES...

TUD TUD TUD

CLANK CLONK CLONK

...ET DE TOUTES CONDITIONS.

AOOU AOUU AOUU

EN UN RIEN DE TEMPS, EN DÉPIT DE QUELQUES APPROXIMATIONS...

J'ENTENDS LES SI'ÈNES!

AOUU AOUU AOUU

LAISSE TOMBER, ELLES NOUS AGUICHENT TOUJOURS!

ET APRÈS ÇA FINIT EN QUEUE DE POISSON!

... LE SIGNAL ARRIVE AUX CARNUTES, OÙ IL EST RELAYÉ PAR LE DRUIDE GASDECHIX.

TWIIIII! TwiiT TwiiT

TU PEUX PARTIR TRANQUILLE, TOUT EST GRAVÉ LÀ, PARAFARMACIX.

TWIIIIT TWIIIIT

?!

OH! UNE ALERTE!

GRR

TWSSSSSSSST! TWIT! TWIT!

UN SIGNAL LONG, DEUX COURTS... C'EST BIEN ÇA!

LA PROCÉDURE D'URGENCE!

LE VILLAGE EST EN DANGER!

GRR

VITE! LA POTION MAGIQUE!

HÉLAS! JE CRAINS QUE CE FOND DE GOURDE NE SOIT PAS SUFFISANT POUR COUVRIR ASSEZ VITE UNE TELLE DISTANCE!

Ô ARCHÉOPTÉRIX, TU CROIS QUE PARMI TES POTIONS...?

BONNE IDÉE, ASSÉDIX! SUIVEZ-MOI DANS L'ARBRE.

37A

C'EST ICI QUE JE GARDE PRÉCIEUSEMENT TOUS LES MODÈLES DES POTIONS INVENTÉES PAR LES DRUIDES.

VOYONS, NE NOUS TROMPONS PAS... CECI EST LE RÉDUCTEUR DE TRESSES... ET VOICI L'ONGUENT À LA BAVE D'OSTROGOTH!

SNIF! ET ICI, LE FLUIDE À LA RÉSINE DE PIN CENSÉ VENIR À BOUT DES THRACES REBELLES...

PSHT

ET... OH! ÇA Y EST! JE TIENS TA POTION MAGIQUE, PARABOLIX!

APRÈS AVOIR INFUSÉ TANT D'ANNÉES, SON EFFET DEVRAIT ÊTRE FOUDROYANT.

ON PEUT GOÛTER?

37B

SOIS PRUDENT, Ô PANORAMIX!

NOUS N'AVONS PAS DE TEMPS À PERDRE! ET PUIS UNE FOIS N'EST PAS COUTUME.

GLOUP

EN EFFET, PAR TOUTATIS, C'EST DU BRUTAL!

PAS TOI, OBÉLIX!

AAAAH, JEUNESSE!

GRMBLL C'EST PAS JUSTE!

GLOUP

EN ROUTE!

MAIS MAIS... ATTENDEZ-MOI!

38A

ET C'EST EN UN RIEN DE TEMPS QUE LE TRIO PARCOURT LE CHEMIN À L'ENVERS...

RROU

JE N'AI PAS PRIS DE POTION CONCENTRÉE, MOI!

ARMORIQUE

FORÊT des CARNUTES

GAULOIS! RENDS LE PAPYRUS CAR IL EST L'HEURE! JE VAIS ABATTRE MON GLAIVE!

COUCOU, ROMAIN! C'EST ÇA QUE TU CHERCHES?

38B

LE PAPYRUS! DONNE-MOI LE PAPYRUS, BARBARE IGNARE!

VOLONTIERS, MAIS LIBÈRE L'OTAGE D'ABORD!

LIBÉREZ LE COLPORTEUR!

TIENS! ET APPRENDS QUE LES GAULOIS N'ONT QUE FAIRE D'UN BOUT DE PAPYRUS!

HÉHÉ! VOUS Y VIENDREZ, VOUS VERREZ!

ABRARACOURCIX! QUE SIGNIFIE CE REMUE-MÉNAGE AVEC LES ROMAINS? QU'ATTENDS-TU POUR DONNER LE SIGNAL? C'EST TOI LE CHEF!

ET TOC!

BON, ALLONS-Y! "LE TONNELET EST SOUS LE PLANCHER SOUS MON SIÈGE"... FAITES PASSER!

AUSSITÔT, LA MÉCANIQUE REDOUTABLE DU "BOUCHE-À-OREILLE" GAULOIS SE MET EN ŒUVRE...

LE TONNELET!

OÙ ÇA?

SOUS LE PLANCHER...

SOUS SON SIÈGE!

LE QUOI?

TU CACHES DE LA POTION SOUS LE PLANCHER, MAINTENANT?

BLA BLA BLA!

ILS PARLENT D'UN TONNELET SOUS LE SIÈGE!

C'EST PAS NOUS QUI LE FAISONS, LE SIÈGE?

D'APRÈS MOI, C'EST UN CODE!

JE M'APPROCHE POUR TENTER D'EN SAVOIR PLUS, CENTURION?

ON L'A TROUVÉ! ON L'A TROUVÉ!

LA SITUATION M'INQUIÈTE, Ô PROMOPLUS, JE SUGGÈRE DE SONNER LE REPLI!

PAS QUESTION! TU VAS D'ABORD ME RENDRE CE PAPYRUS!

QUE FAIS-TU? TU ES FOU!

LE MONDE DOIT SAVOIR QUE CÉSAR A MENTI!

LÉGIONNAIRES! À MON COMMANDEMENT!

NON! PAS DANS L'HERBE! PAS DANS L'HEEERBE!

À L'ATTAQUE, LES ENFANTS! REPRENONS CE PAPYRUS!

GGROO!!!!!!!!! GR!U!!!!!!!!!!!

CENTURION, C'EST QUOI, NOTRE PROCÉDURE D'URGENCE À NOUS?

TU AS VU, PANORAMIX? ÇA SE DÉBLOQUE, ON DIRAIT...

OUI! CE CONCENTRÉ EST FORMIDABLE! JE NE SENS PLUS DU TOUT MES DOULEURS LOMBAIRES!

AU SECOURS!

OÙ SONT-ILS? OÙ SONT-ILS?

LE GROS! ILS NOUS PRENNENT EN TENAILLE!

AH, OBÉLIX! JUSTEMENT, JE TE CHERCHAIS...

?

EN LISANT L'ÉCHO DE CONDATE, RÉZOWIFIX S'EST TROMPÉ, IL A MÉLANGÉ NOS HOROSCOPES.

" ON APPRÉCIERA TON ENTRAIN ET À TOI LES NOUVELLES CONQUÊTES.!!"

MOI, JE VAIS ÉVITER LES CONFLITS ET LIMITER LES SANGLIERS...

JE NE DOIS PLUS ÉVITER LES CONFLITS! JE NE DOIS PLUS ÉVITER LES CONFLITS! JE NE DOIS PLUS ÉVITER LES...

TU NE L'AURAS PAS! CE PAPYRUS APPARTIENT À **CÉSAR!**

GRRR

ET COMME CHACUN SAIT, IL FAUT RENDRE À **CÉSAR** CE QUI LUI APPARTIENT!

TOUT ROME BRUIT DE TON DÉPART PRÉCIPITÉ, PROMOPLUS. POURTANT, TU DÉTESTES LA CAMPAGNE, IL ME SEMBLE?

CÉ... CÉSAR?

PAS LE PLUS PETIT PIGEON D'EXPLICATION, J'ÉTAIS INQUIET. PAR CHANCE, CES CURIEUX MESSAGES CODÉS, DÉCOUVERTS CHEZ TOI, M'ONT MIS SUR LA PISTE...

OUI, HIHIHI! TU AS VU? IL SUFFIT D'INVERSER LES DEUX MESSAGES ...

DES IRREDVCTIBLE

PAPYR. LOC. VILL. GAVL.

TON CHAPITRE SUR L'ARMORIQUE S'ÉTAIT ÉGARÉ MAIS JE L'AI RETROUV...

TCHAK

IN EXTREMIS! PAR TA NÉGLIGENCE, IL S'EN EST FALLU DE PEU QUE TOUT LE SÉNAT RIGOLE!

FINISSONS-EN, GAULOIS! L'AUTRE BOUT DE CE PAPYRUS M'APPARTIENT! QUE DEMANDEZ-VOUS EN ÉCHANGE?

NOUS N'AVONS QUE FAIRE DE TES ÉCRITS. POUR NOUS, SEULE LA PAROLE COMPTE! MAIS PUISQUE TU LE PROPOSES ...

EN ÉCHANGE, PROMETS DE NE PLUS PERSÉCUTER LES COLPORTEURS GAULOIS!

ET FAIS LIBÉRER TOUS LES SCRIBES EMPRISONNÉS PAR PROMOPLUS!

NE L'ÉCOUTE PAS, Ô CÉSAR! C'EST UN DANGEREUX AGITATEUR! JE TE CONSEILLE DE...

RRR

TU N'ES PLUS MON CONSEILLER! GARDES! EMPAREZ-VOUS DE CET HOMME!

46

MAIS, MAIS... VOUS N'ALLEZ PAS ME FAIRE COURIR DANS L'HERBE! C'EST INHUMAIN!

C'EST PROMIS, GAULOIS. VOUS AVEZ LA PAROLE DE CÉSAR...

VAS-Y! C'EST À TOI, JE TE DIS!

TIENS, JULES, PRENDS AUSSI ÇA EN SOUVENIR. CE SONT MES PROPRES COMMENTAIRES SUR LA GUERRE DES GAULES!

?

ET À L'OCCASION, AJOUTE-LES EN ERRATUM À TON LIVRE!

HUM!

AHAHAH! ÇA, C'EST ENVOYÉ! VIVE NOTRE CHEF! VIVE ABRARACOURCIX!

MON PETIT CHEF À MOI! BIZZ...

43A

SOIS CLÉMENT, Ô CÉSAR! RAPPELLE-TOI NOS BEAUX PROJETS D'ÉDITION: "CÉSAR: MES MEILLEURES CITATIONS", "MES CENT RECETTES AU LAURIER"!...

"MES PLUS BELLES LETTRES D'AMOUR À CLÉOPÂTRE"! JE PRÉVOIS DES SUCCÈS **ÉNORMES!**

PEU APRÈS...

OUF! ÇA FAIT DU BIEN! MAIS... OÙ SONT-ILS TOUS PASSÉS?

COMMENT? TU N'AS PAS ENTENDU LE BOUCHE-À-OREILLE? ILS SONT PARTIS PRÉPARER LE BANQUET! ET AVEC **SANGLIERS ILLIMITÉS PAR TOUTATIS!**

CHEF! UN PIGEON! CÉSAR ANNONCE SA VENUE...

43B

ET, POUR FINIR, LAISSONS OBÉLIX FAIRE À SON TOUR SES PROPRES COMMENTAIRES SUR LES "COMMENTAIRES" DE CÉSAR...

CÉSAR A ÉCRIT QUE J'ÉTAIS LE GROS DES GAULOIS *TCHOMP TCHOMP*... COMME QUOI, IL NE FAUT PAS CROIRE TOUT CE QU'ON ÉCRIT!

RRRON

GRRR

Post-Scriptum

LE SOUVENIR DE CE CHAPITRE RACONTANT LES REVERS DE CÉSAR EN ARMORIQUE S'EST-IL PERDU AU FIL DES ÂGES?... PAS SÛR!

ON DIT QUE SON CONTENU SE SERAIT TRANSMIS COMME PRÉVU, DE DRUIDE EN DRUIDE...

... ET QU'EN DÉPIT DE QUELQUES APPROXIMATIONS...

ÉTAIT-CE PAROXISTIX OU PANÉLECTRIX?

... IL SERAIT PARVENU AUX OREILLES DE DEUX SCRIBES MODERNES ET PASSIONNÉS QUI EN AURAIENT NOTÉ TOUS LES DÉTAILS...

TU ENTENDS ÇA, BÉBERT?

FABULEUX, RENÉ!

ET EN AURAIENT TIRÉ UNE SÉRIE D'HISTOIRES AMUSANTES... MAIS BIEN SÛR, CE NE SONT QUE DES "ON DIT"!

Astérix en CORSE

FERRI + CONRAD

FIN DE L'ÉPISODE.

LES ALBUMS D'ASTÉRIX LE GAULOIS

DES MÊMES AUTEURS AUX ÉDITIONS ALBERT RENÉ

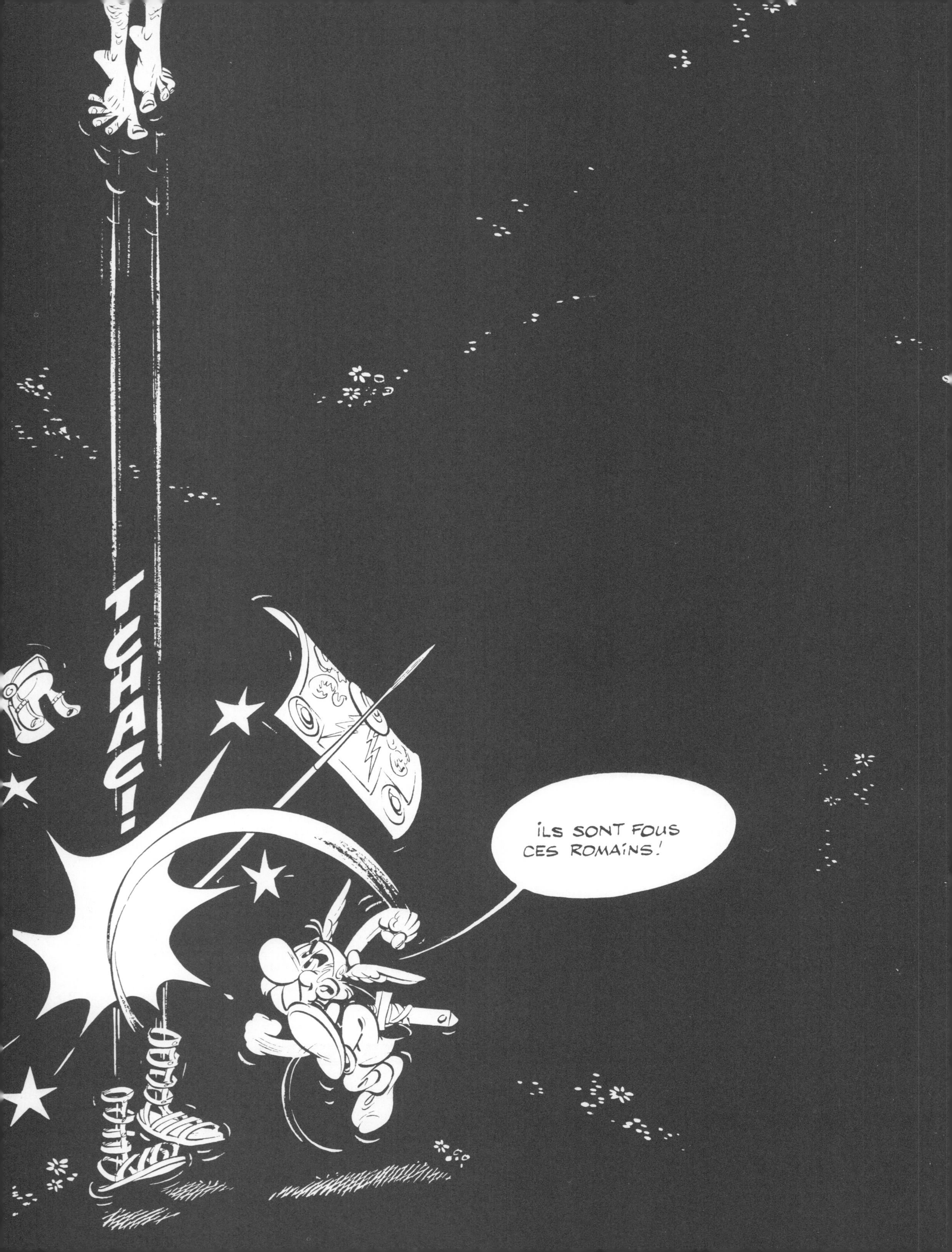
TCHAC!!
ILS SONT FOUS CES ROMAINS!